Favorite French Art Songs

To access companion recorded piano accompaniments
and diction lessons online, visit:
www.halleonard.com/mylibrary

6773-1446-3189-2742

Piano accompaniments, translations, and International Phonetic Alphabet guides by Gary Arvin

Companion recordings include:
French diction lessons followed by piano accompaniments.
Nicole Chandler, native speaker: Gary Arvin, pianist.

On the cover: Pierre Auguste Renoir, *The Luncheon of the Boating Party*,
1881, Oil on canvas, 51 x 68 in., The Phillips Collection, Washington, D.C.

ISBN 978-0-7935-6243-5

HAL•LEONARD®
CORPORATION
7777 W. BLUEMOUND RD. P.O. BOX 13819 MILWAUKEE, WI 53213

Visit Hal Leonard Online at
www.halleonard.com

ON THE RECORDING

GARY ARVIN, pianist and translator, has extensive experience as a coach for the Houston Grand Opera, Santa Fe Opera, Cincinnati Opera, and the American Institute of Musical Studies in Graz, Austria. In 1986 Mr. Arvin was selected as Official Accompanist for the International Belvedere Competition in Vienna, the world's largest operatic singing competition.

Equally active in the genre of art song, Mr. Arvin has appeared in recital with singers throughout the United States, Austria, and Finland, and has distinguished himself as an accompanist both here and abroad in master classes for Gérard Souzay in French mélodies, Hans Hotter in German lieder, and Sir Peter Pears in the vocal works of Benjamin Britten. He has also recorded for the National Radio of Finland. Recent recital appearances include Santa Barbara, San Jose's Villa Montalvo Festival, the Cleveland Art Song Festival, and Carnegie Hall.

As the recipient of a Fulbright Grant, Mr. Arvin studied at the Hochschule für Musik und darstellende Kunst in Vienna after earning degrees from Indiana University and the University of Illinois. Over the years Mr. Arvin has maintained private coaching studios in Houston, Cincinnati, and New York.

In the summer of 1990 Mr. Arvin assumed the Artistic Directorship of the Art Song Program at the Summer Vocal Institute in Santa Barbara. He is currently Associate Professor of Vocal Coaching and Song Literature at Indiana University. He has also recorded "Songs of Joseph Marx" for Hal Leonard.

A NOTE ON USING THE
INTERNATIONAL PHONETIC ALPHABET

A general understanding of the International Phonetic Alphabet is essential in order to the derive the maximal benefit offered by this publication. It is of course impossible to rely solely on printed sources for perfect pronunciation in any language without the supplement of aural examples coupled with immediate verbal feedback. As a quick reference, however, a guide to the IPA symbols used in this book follows.

VOWELS

	GERMAN	FRENCH	ENGLISH
[ɑ]	fahren	pas	yard
[a]	Wein	amour	eye
[e]	stehen	parler	chaotic 1
[ɛ]	besser	même	bet
[i]	Liebe	fille	beat
[ɪ]	Sinn	-----	thin
[o]	wohl	château	obey 1
[ɔ]	Wonne	soleil	faught
[u]	Ruh	où	blue
[ʊ]	bunte	-----	could
[ə]	meine 2	calme 2	America 2
[y]	über	du	-----
[ʏ]	fünf	-----	-----
[ø]	schön	feu	-----
[œ]	Götter	peuple	-----
[ɑ̃]	-----	penser	-----
[ɛ̃]	-----	faim	-----
[ɔ̃]	-----	non	-----
[œ̃]	-----	parfum	-----

1.   The sounds [e] and [o] do not actually occur in English as pure *monothongs* but rather as part of the *dipthongs* [eɪ] and [oʊ], respectively, as in "stay" [steɪ] and "go" [goʊ]. The examples "chaotic" and "obey" were thought, however, to be rare examples of *relatively* non-dipthongized English vowels.

2.   Although the same IPA symbol is used in all three languages to represent the so-called "schwa" or unstressed neutral vowel sound, it is important to acknowledge actual differences in its formation in these three languages. While the American neutral vowel is completely lacking in lip tension, the French "mute e" requires a good deal of lip rounding resulting in a modification toward [œ] or [ø] and the German "schwa", in the vocabulary of many of the finest German singers, is characterized by a certain coloring toward [e] or [ɛ].

CONSONANTS

	GERMAN	FRENCH	ENGLISH
[b]	bang	beauté	bargain
[d]	Diebe	Dieu	dormant
[f]	fahren	fort	fine
[g]	Gott	gallerie	gateway
[h]	halt	-----	hate
[j]	Jahr	hier	yard
[k]	klagen	carte	coat
[l]	Liebe	lorsque	lamb
[m]	Meer	même	marry
[n]	nicht	nouvelle	north
[p]	Partitur	pour	portion
[r]	Reden	réserve	-----
[ʀ]	-----	-----	rental
[s]	das	sonore	solo
[t]	Tisch	toujour	tuba
[v]	Wellen	wagon-lit	variation
[w]	-----	-----	willing
[χ]	auch	-----	-----
[ç]	dich	-----	huge
[z]	Eisen	oser	closing
[ʃ]	Schlaf	chercher	shine
[ɥ]	-----	nuit	-----
[ʒ]	Gage	jouer	vision
[ŋ]	Ring	-----	ring
[ɲ]	-----	gagner	onion

DIACRITICAL MARKINGS

[ː]	lengthens the preceding vowel
[']	indicates that the following syllable is stressed
[ǀ]	indicates a glottal stop (or fresh attack) of the following vowel

Beau soir
Beautiful Evening

music by Claude Debussy (1862-1918)
poem by Paul Bourget (1852-1935)

Lorsqu'au soleil couchant	When at sunset
les rivières sont roses,	the rivers are rosy
Et qu'un tiède frisson	and a gentle ripple
court sur les champs de blé,	crosses the fields of grain,
Un conseil d'être heureux semble	a suggestion to be happy
sortir des choses	seems to emanate from all things
Et monter	and enters
vers le coeur troublé.	the troubled heart.
Un conseil de goûter	A suggestion to savor
le charme d'être au monde	the charm of being in the world
Cependant qu'on est jeune	while one is young
et que le soir est beau,	and the evening is beautiful;
Car nous nous en allons,	For we are moving on
comme s'en va cette onde:	just as this wave moves on:
Elle à la mer,	it to the sea,
nous au tombeau.	we to the tomb.

Beau soir
bo   swar

Lorsqu'au soleil couchant les rivières sont roses,
lɔr sko sɔlɛj kuʃã   les rivjerə sɔ̃ rozə

Et qu'un tiède frisson court sur les champs de blé,
e kœ̃ tjɛdə frisɔ̃ kur syr le ʃã   də ble

Un conseil d'être heureux semble sortir des choses
œ̃ kɔ̃sɛj de trœrø sãblə sɔrtir de ʃozə

Et monter vers le coeur troublé.
e mɔ̃te   ver lə kœr truble

Un conseil de goûter le charme d'être au monde
œ̃ kɔ̃sɛj də gute lə ʃarmə detr o mɔ̃də

Cependant qu'on est jeune et que le soir est beau,
səpãdã   kɔ ne ʒœn e kə lə swar ɛ bo

Car nous nous en allons, comme s'en va cette onde:
kar nu   nu zã nalɔ̃ kɔmə sã va se tɔ̃də

Elle à la mer, nous au tombeau.
ɛl a la mɛr nu   o tɔ̃ bo

When studying the recording of the native speaker, it should be noted that the "R" sound needs to be modified to a flipped or rolled "R" when singing classical music in French.

BEAU SOIR

Original Key

Paul Bourget

Claude Debussy

blé, _____ Un con - seil d'être heu -

reux sem - ble sor - tir des cho - ses Et mon -

ter vers le cœur _____ trou - blé;

Un con - seil de goû - ter le char - me d'être au

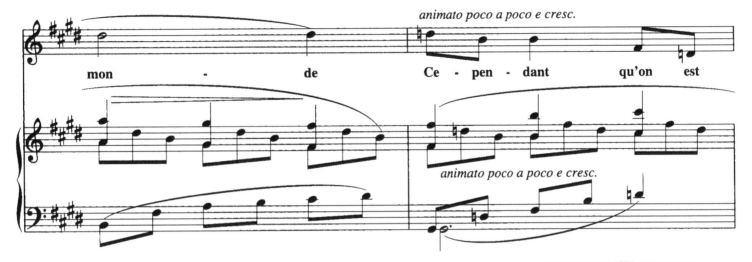

mon - de Ce - pen - dant qu'on est

jeune et que le soir est beau,

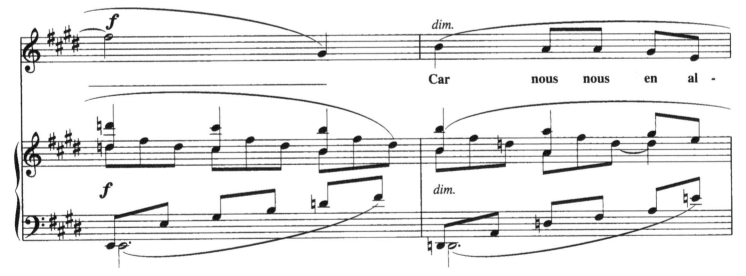

Car nous nous en al -

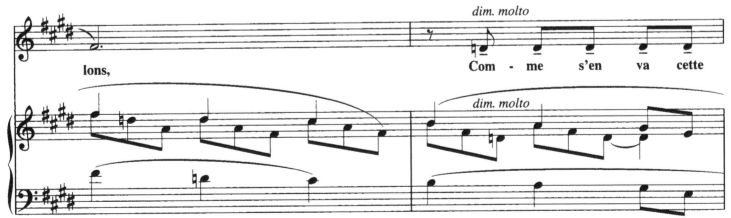

lons, Com - me s'en va cette

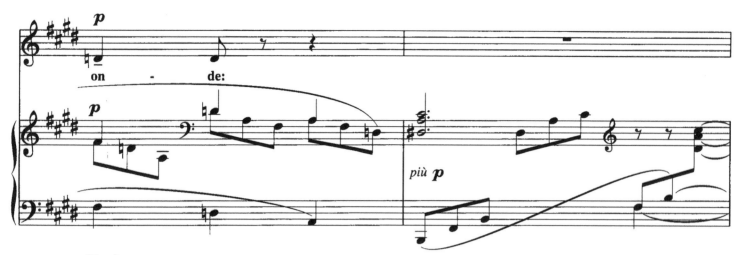

on - de:

Plus lent

Elle à la mer,

nous au tom - beau.

morendo

Mandoline
Mandolin

music by Claude Debussy   (1862-1918)
poem by Paul Verlaine   (1844-1896)

Les donneurs de sérénades Et les belles écouteuses Echangent des propos fades Sous les ramures chanteuses.	The men serenading and the lovely ladies listening exchange idle chatter under the singing branches.
C'est Tircis et c'est Aminte, Et c'est l'éternel Clitandre, Et c'est Damis qui pour mainte Cruelle fait maint vers tendre.	Tircis is there and also Aminte and the ever-present Clitandre; and there is Damis, who for many a cruel maid creates tender verses.
Leurs courtes vestes de soie, Leurs longues robes à queues, Leur élégance, leur joie Et leurs molles ombres bleues	Their short silk jackets, their long gowns with trains, their elegance, their joy and their soft blue shadows
Tourbillonent dans l'extase D'une lune rose et grise, Et la mandoline jase Parmi les frissons de brise. La, la, la, la, la...	whirl in the ecstasy of a pink and gray moon, and the mandolin chatters on amid the quiverings of the breeze. La, la, la, la, la...

Mandoline
mãdɔlinə

Les donneurs de sérénades
lε   dɔnœr də serenadə

Et les belles écouteuses
e lε bεlə zekutøzə

Echangent des propos fades
eʃãʒə   dε prɔpo fadə

Sous les ramures chanteuses.
su lε ramyrə ʃãtøzə

C'est Tircis et c'est Aminte,
sε tirsis e sε tamε̃tə

Et c'est l'éternel Clitandre,
e sε letεrnεl klitãdrə

Et c'est Damis qui pour mainte
e sε damis ki pur mε̃tə

Cruelle fait maint vers tendre.
kryεlə fε mε̃ vεr tãdrə

Leurs courtes vestes de soie,
lœr   kurtə vεstə də swa

Leurs longues robes à queues,
lœr   lõgə rɔbə za kø

Leur élégance, leur joie
lœr elegãsə lœr ʒwa

Et leurs molles ombres bleues
e lœr mɔlə zõbrə blø

Tourbillonent dans l'extase
turbijɔnə   dã lεkstazə

D'une lune rose et grise,
dynə lynə roz e grizə

Et la mandoline jase
e la mãdɔlinə ʒazə

Parmi les frissons de brise.
parmi lε   frisõ də brizə

La, la, la, la, la...
la la la la la

When studying the recording of the native speaker, it should be noted that the "R" sound needs to be modified to a flipped or rolled "R" when singing classical music in French.

MANDOLINE

Original Key A major

Paul Verlaine

Claude Debussy

- te, Et c'est l'é-ter-nel Cli - tan - dre,

Et c'est Da-mis qui pour main-te Cru-el - le fait _____ maint vers ten - dre. _____

Leurs cour-tes ves - tes de soie, Leurs lon-gues

ro - bes à _____ queu - es, Leur é - lé - gan - ce, leur joi - e Et

leurs mol - les om - bres ____ bleu - es,

Tour - bil-lon - nent dans ___ l'ex-ta - se D'u - ne lu - ne rose ___ et gri - se,

Et la man-do - li - ne ja - se Par-mi les fris-sons de bri -

- se. la, la, la, la, la, la, la, la, la, la, la,

Nuit d'étoiles
Night of Stars

music by Claude Debussy (1862-1918)
poem by Théodore de Banville (1823-1891)

Nuit d'étoiles,	Night of stars,
Sous tes voiles,	beneath your veils,
Sous ta brise et tes parfums,	in your breeze and fragrance,
Triste lyre	sad lyre
Qui soupire,	that sighs,
Je rêve aux amours défunts.	I dream of past loves.
La sereine mélancholie	Serene melancholy
Vient éclore au fond de mon coeur,	stirs deep in my heart
Et j'entends l'âme de ma mie	and I sense the soul of my beloved
Tressaillir dans le bois rêveur.	quiver in the dreamy forest.
Nuit d'étoiles,	Night of stars,
Sous tes voiles,	beneath your veils,
Sous ta brise et tes parfums,	in your breeze and fragrance,
Triste lyre	sad lyre
Qui soupire,	that sighs,
Je rêve aux amours défunts.	I dream of past loves.
Je revois à notre fontaine	I see again at our fountain
Tes regards bleus comme les cieux;	your gaze as blue as the skies;
Cette rose, c'est ton haleine,	this rose is your breath
Et ces étoiles sont tes yeux.	and those stars are your eyes.
Nuit d'étoiles,	Night of stars,
Sous tes voiles,	beneath your veils,
Sous ta brise et tes parfums,	in your breeze and fragrance,
Triste lyre	sad lyre
Qui soupire,	that sighs,
Je rêve aux amours défunts.	I dream of past loves.

Nuit d'étoiles
nɥi detwalə

Nuit d'étoiles, Sous tes voiles,
nɥi detwalə su tɛ ʏwalə

Sous ta brise et tes parfums,
su ta briz e tɛ parfœ̃

Triste lyre Qui soupire,
tristə lirə ki supirə

Je rêve aux amours défunts.
ʒə rɛʏ o zamur defœ̃

La sereine mélancholie
la sɛrɛnə melãkɔliə

Vient éclore au fond de mon coeur,
ʏɛ̃ teklɔr o fõ də mõ kœr

Et j'entends l'âme de ma mie
e ʒãtã lɑmə də ma miə

Tressaillir dans le bois rêveur.
trɛsajir dã lə bwa rɛʏœr

Nuit d'étoiles, Sous tes voiles,
nɥi detwalə su tɛ ʏwalə

Sous ta brise et tes parfums,
su ta briz e tɛ parfœ̃

Triste lyre Qui soupire,
tristə lirə ki supirə

Je rêve aux amours défunts.
ʒə rɛʏ o zamur defœ̃

Je revois à notre fontaine
ʒə rəʏwa za nɔtrə fõtɛnə

Tes regards bleus comme les cieux;
tɛ rəgar blø kɔmə lɛ sjø

Cette rose, c'est ton haleine,
sɛtə rozə sɛ tɔ nalɛnə

Et ces étoiles sont tes yeux.
e sɛ zetwalə sõ tɛ zjø

Nuit d'étoiles, Sous tes voiles,
nɥi detwalə su tɛ ʏwalə

Sous ta brise et tes parfums,
su ta briz e tɛ parfœ̃

Triste lyre Qui soupire,
tristə lirə ki supirə

Je rêve aux amours défunts.
ʒə rɛʏ o zamur defœ̃

When studying the recording of the native speaker, it should be noted that the "R" sound needs to be modified to a flipped or rolled "R" when singing classical music in French.

NUIT D'ÉTOILES

Original Key

Théodore de Banville

Claude Debussy

re, Je rêve aux a - mours _____ dé - funts.

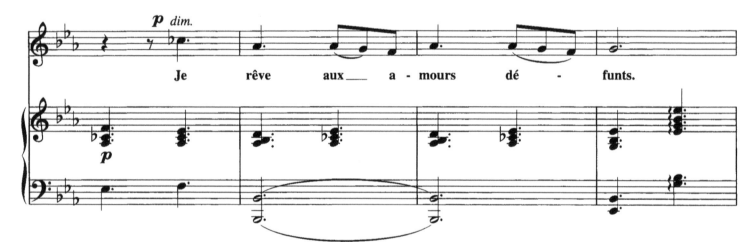

Je rêve aux _____ a - mours dé - funts.

La se - rei - ne mé - lan-co - li - e Vient é - clore au fond de mon

cœur, Et j'en - tends l'â - me de _____ ma mi - e Tres - sail -

lir dans le bois rê - veur.

Nuit d'é - toi - les,

Sous ____ tes voi - les, Sous ta

brise _____ et tes ____ par - fums,

Tris - te ly - re Qui sou -

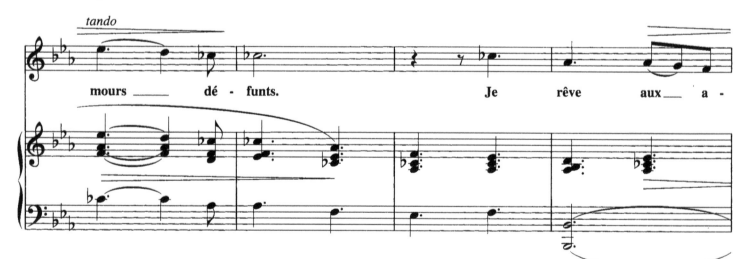

rall - en -

pi - re, Je rêve aux a -

tando

mours ___ dé - funts. Je rêve aux ___ a -

mours dé - funts.

animato

Je re - vois à no - tre fon -

animato

Sous ta brise _____ et tes __ par - fums,

Tris - te ly _____ re Qui sou - pi -

re, Je rêve aux a - mours _____ dé - funts.

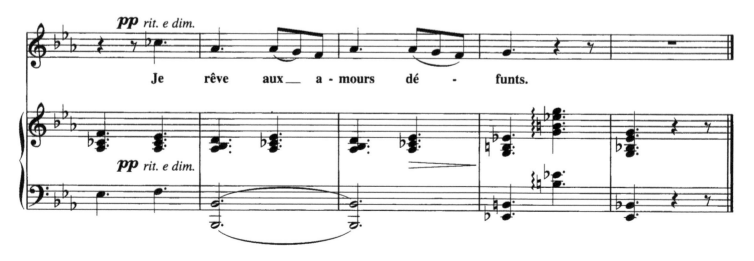

Je rêve aux __ a - mours dé - funts.

Chanson   triste
Sad Song

music by Henri Duparc   (1848-1933)
poem by Jean Lahor   (1840-1909)

Dans ton coeur dort un clair de lune,	In your heart moonlight sleeps,
Un doux clair de lune d'éte.	a gentle summer moonlight.
Et pour fuir la vie importune	And to escape this troublesome life
Je me noierai dans ta clarté.	I would drown myself in your light.
J'oublierai les douleurs passées,	I shall forget past sorrows,
Mon amour, quand tu berceras	my love, when you cradle
Mon triste coeur et mes pensées	my sad heart and my thoughts
Dans le calme aimant de tes bras.	in the loving calm of your arms.
Tu prendras ma tête malade	You will take my aching head,
Oh! quelquefois sur tes genoux,	oh, now and then, on your knee,
Et lui diras une ballade	and recite a ballad
Qui semblera parler de nous.	that seems to tell of us.
Et dans tes yeux pleins de tristesses,	And in your eyes, full of sadness,
Dans tes yeux alors je boirai	in your eyes, then, I shall drink
Tant de baisers	so many kisses
et de tendresses	and so much tenderness
Que, peut-être, je guérirai...	that, perhaps, I shall recover...

Chanson   triste
ʃɑ̃sɔ̃   tristə

Dans ton coeur dort un clair de lune,
dɑ̃ tɔ̃ kœr dɔr   œ̃ klɛr də lynə

Un doux clair de lune d'éte.
œ̃ du klɛr də lynə dete

Et pour fuir la vie importune
e pur fɥir la vi ɛ̃pɔrtynə

Je me noierai dans ta clarté.
ʒə mə nware dɑ̃ ta klarte

J'oublierai les douleurs passées,
ʒublire lɛ dulœr pɑseə

Mon amour, quand tu berceras
mɔ namur kɑ̃ ty bɛrcəra

Mon triste coeur et mes pensées
mɔ̃ tristə kœr e mɛ pɑ̃seə

Dans le calme aimant de tes bras.
dɑ̃ lə kalm ɛmɑ̃ də tɛ bra

Tu prendras ma tête malade
ty prɑ̃dra ma tɛtə maladə

Oh! quelquefois sur tes genoux,
o   kɛlkəfwa syr tɛ gənu

Et lui diras une ballade
e lɥi dira zynə balladə

Qui semblera parler de nous.
ki sɑ̃bləra parle də nu

Et dans tes yeux pleins de tristesses,
e dɑ̃ tɛ zjø plɛ̃ də tristɛsə

Dans tes yeux alors je boirai
dɑ̃ tɛ zjø alɔr ʒəbware

Tant de baisers et de tendresses
tɑ̃ də beze e də tɑ̃drɛsə

Que, peut-être, je guérirai...
kə   pø tɛtrə ʒə gerire

When studying the recording of the native speaker, it should be noted that the "R" sound needs to be modified to a flipped or rolled "R" when singing classical music in French.

CHANSON TRISTE

Original Key

Jean Lahor

Henri Duparc

vie im - por -tu - ne   Je   me   noie-rai

dans   ta   clar -té, _____

J'ou - blie-rai   les   dou-leurs   pas -

sé -   es,   Mon   a-mour,   quand   tu   ber -ce-ras   Mon tris -   te

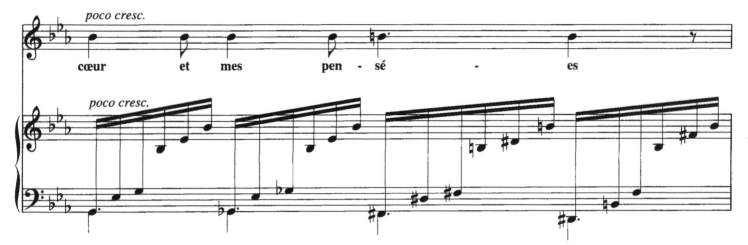

cœur   et   mes   pen - sé -   es

Dans   le   calme   ai - mant

— de   tes   bras.

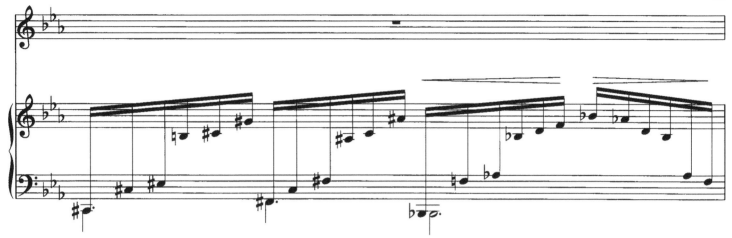

Tu pren - dras ma tê - te ma -

la - de Oh! quel - que -

fois sur tes ge - noux,

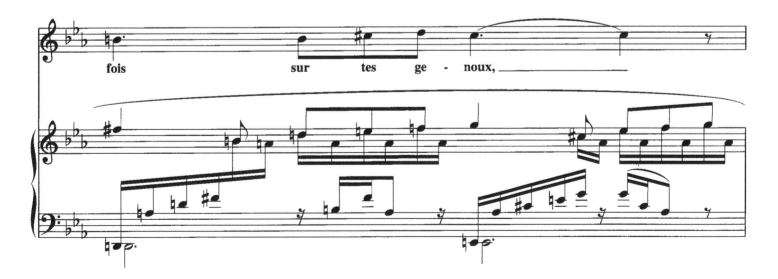

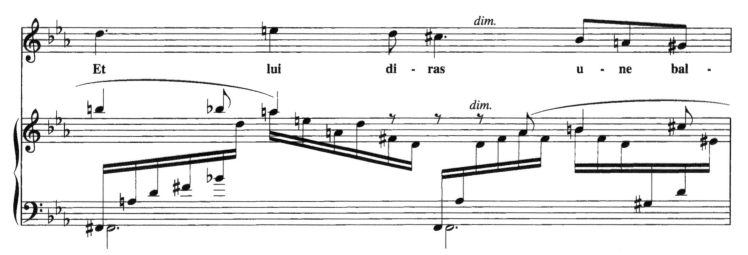

Et lui di - ras u - ne bal -

la - de

U - ne bal - la - de, Qui sem - ble -

ra par - ler de nous, Et dans tes yeux

pleins de tris-tes - ses Dans tes yeux a - lors je boi -

rai Tant de bai - sers et de ten-dres - ses

Que, peut - ê - tre je gué - ri - rai...

Après un rêve
After a dream

music by Gabriel Fauré   (1845-1924)
poem by Romain Bussine   (1830-1899)

Dans un sommeil
que charmait ton image
Je rêvais le bonheur,
ardent mirage,
Tes yeux étaient plus doux,
ta voix pure et sonore,
Tu rayonnais comme un ciel
éclairé par 'l'aurore.

In sleep
enchanted by your image
I dreamed of happiness,
a passionate illusion;
Your eyes were so gentle,
your voice so pure and rich,
you were radiant like a sky
lighted by the dawn.

Tu m'appelais
et je quittais la terre
Pour m'enfuir avec toi
vers la lumière,
Les cieux pour nous
entr'ouvraient leurs nues,
Splendeurs inconnues,
lueurs divines entrevues.

You called to me
and I left the earth
to fly with you
toward the light.
For us the skies
parted their clouds;
unknown splendors,
glimpses of divine light.

Hélas! Hélas!
triste réveil des songes!
Je t'appelle, ô nuit,
rends-moi tes mensonges,
Reviens, reviens radieuse,
Reviens, ô nuit mystérieuse!

Alas! Alas!
sad awakening from dreams;
I call to you, o night,
give me back your illusions!
Return, return in radiance!
Return, o mysterious night!

Après un rêve
apre zœ̃ revə

Dans un sommeil que charmait ton image
dɑ̃ zœ̃ sɔmɛj kə ʃarme tɔ nimaʒə

Je rêvais le bonheur, ardent mirage,
ʒə rɛvɛ lə bɔnœr ardɑ̃ miraʒə

Tes yeux étaient plus doux, ta voix pure et sonore,
tɛ zjø zete ply du ta vwa pyr e sɔnɔrə

Tu rayonnais comme un ciel éclairé par l'aurore.
ty rɛjɔne kɔm œ̃ sjɛl eklere par lɔrɔrə

Tu m'appelais et je quittais la terre
ty mapəle e ʒə kite la tɛrə

Pour m'enfuir avec toi vers la lumière,
pur mɑ̃fɥir avɛktwa ver la lymjɛrə

Les cieux pour nous entr'ouvraient leurs nues,
lɛ sjø pur nu zɑ̃truvrɛ lœr nyə

Splendeurs inconnues, lueurs divines entrevues.
splɑ̃dœr zɛ̃kɔnyə lyœr divinə zɑ̃trəvyə

Hélas! Hélas! triste réveil des songes!
elas elas tristə revɛj dɛ sɔ̃ʒə

Je t'appelle, ô nuit, rends-moi tes mensonges,
ʒə tapɛl o nɥi rɑ̃ mwa tɛ mɑ̃sɔ̃ʒə

Reviens, reviens radieuse,
rəvjɛ̃ rəvjɛ̃ radiøzə

Reviens, ô nuit mystérieuse!
rəvjɛ̃ o nɥi misteriøzə

When studying the recording of the native speaker, it should be noted that the "R" sound needs to be modified to a flipped or rolled "R" when singing classical music in French.

APRÈS UN RÊVE

Original Key

Romain Bussine

Gabriel Fauré

no - re, Tu ray - on - nais comme un

ciel _____ éc - lai - ré par l'au - ro - re;

Tu m'ap - pe - lais, _____ et je quit - tais la ter - re

Pour m'en - fuir a - vec toi vers la lu - miè -

re, Les cieux pour nous en-tr'ouv-raient leurs

nu - es, Splen - deurs in - con - nu - es, lu -

eurs di - vi - nes en - tre - vu - es. Hé - las! Hé -

las, tris - te ré - veil des son - ges! Je t'ap -

pel - le, ô nuit, _____ rends-moi tes men - son -

ges, Re - viens, re - viens ra - di - eu -

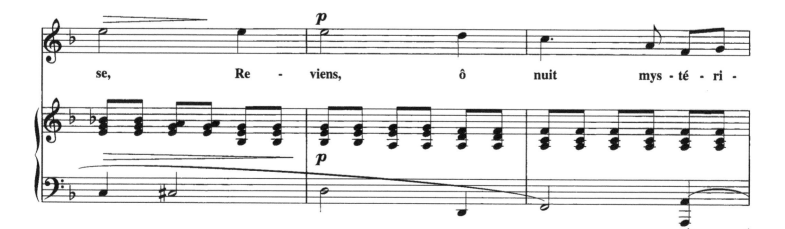

se, Re - viens, ô nuit mys - té - ri -

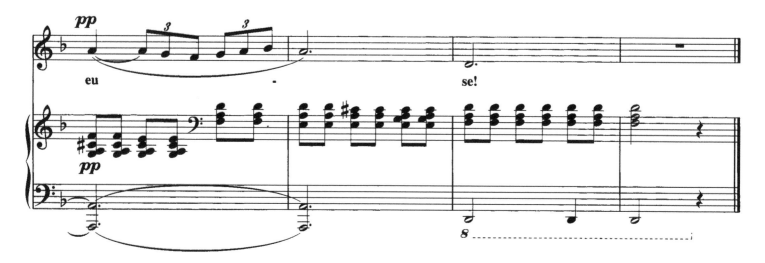

eu - se!

Aurore
Dawn

music by Gabriel Fauré   (1845-1924)
poem by Paul Armand Silvestre   (1837-1901)

Des jardins de la nuit s'envolent les étoiles. Abeilles d'or qu'attire un invisible miel Et l'aube, au loin, tendant la candeur de ses toiles, Trame de fils d'argent le manteau bleu du ciel.	From the gardens of the night the stars take flight, golden bees drawn toward an invisible honey, and the dawn, in the distance, spreading the brilliance of its canvas, weaves with threads of silver the blue cloak of the sky.
Du jardin de mon coeur qu'un rêve lent enivre, S'envolent mes désirs sur les pas du matin. Comme un essaim léger qu'à l'horizon de cuivre, Appelle un chant plaintif, éternel et lointain.	From the garden of my heart, intoxicated by a lulling dream, my desires fly away with the coming of the morning, like a swift swarm of bees toward the coppery horizon, beckoned by a plaintive song, ever present and distant.
Ils volent à tes pieds, astres chassés des nues, Exilés du ciel d'or où fleurit ta beauté. Et, cherchant jusqu'à toi des routes inconnues, Mêlent au jour naissant leur mourante clarté.	They fly to your feet, stars chased from the clouds, exiled from the golden sky where your beauty reigns supreme, and treading uncharted paths to find you, they mingle their fading light with the dawning day.

Aurore
ɔrɔrə

Des jardins de la nuit s'envolent les étoiles.
de ʒardɛ̃ də la nɥi sɑ̃vɔlə lɛ zetwalə

Abeilles d'or qu'attire un invisible miel
abɛjə dɔr katir œ̃ nɛ̃vizible mjɛl

Et l'aube, au loin, tendant la candeur de ses toiles,
e lob o lwɛ̃ tɑ̃dɑ̃ la cɑ̃dœr də sɛ twalə

Trame de fils d'argent le manteau bleu du ciel.
tramə də fi darʒɑ̃ lə mɑ̃to blø dy sjɛl

Du jardin de mon coeur qu'un rêve lent enivre,
dy ʒardɛ̃ də mɔ̃ kœr kœ̃ rɛvə lɑ̃ tɑ̃nivrə

S'envolent mes désirs sur les pas du matin.
sɑ̃vɔlə mɛ dezir syr lɛ pɑ dy matɛ̃

Comme un essaim léger qu'à l'horizon de cuivre,
kɔm œ̃ nesɛ̃ leʒe ka lɔrizɔ̃ də kɥivrə

Appelle un chant plaintif, éternel et lointain.
apɛl œ̃ ʃɑ̃ plɛ̃tif etɛrnɛl e lwɛ̃tɛ̃

Ils volent à tes pieds, astres chassés des nues,
il vɔlə ta tɛ pje astrə ʃase dɛ nyə

Exilés du ciel d'or où fleurit ta beauté.
egzile dy sjɛl dɔr u flœri ta bote

Et, cherchant jusqu'à toi des routes inconnues,
e ʃɛrʃɑ̃ ʒyska twa dɛ rutə zɛ̃kɔnyə

Mêlent au jour naissant leur mourante clarté.
mɛlə to ʒur nɛsɑ̃ lœr murɑ̃tə klarte

When studying the recording of the native speaker, it should be noted that the "R" sound
needs to be modified to a flipped or rolled "R" when singing classical music in French.

AURORE

Original Key

Armand Silvestre

Gabriel Fauré

gent le man-teau bleu du ___ ciel. ___

Du jar - din de mon cœur qu'un

rê - ve lent en - i - vre, S'en - vo - lent mes dé -

sirs sur les pas du ma - tin, ___

Com - me un es - saim lé - ger _____ qu'à l'ho - ri - zon de

cui - vre, Ap - pel - le un chant plain - tif, é - ter -

nel et loin - tain. _____ Ils

vo - lent à tes pieds, as - tres chas - sés des nu - es,

Ex - i - lés du ciel d'or où fleu - rit ta beau - té, _____

Et, cher-chant jus - qu'à toi des rou - tes in - con - nu -

es, Mê - lent au jour nais - sant leur mou - ran - te clar - té. _____

Mandoline
Mandolin

music by Gabriel Fauré   (1845-1924)
poem by Paul Verlaine   (1844-1896)

Les donneurs de sérénades	The men serenading
Et les belles écouteuses	and the lovely ladies listening
Echangent des propos fades	exchange idle chatter
Sous les ramures chanteuses.	under the singing branches.
C'est Tircis et c'est Aminte,	Tircis is there and also Aminte
Et c'est l'éternel Clitandre,	and the ever-present Clitandre;
Et c'est Damis qui pour mainte	and there is Damis, who for many a
Cruelle fait maint vers tendre.	cruel maid creates tender verses.
Leurs courtes vestes de soie,	Their short silk jackets,
Leurs longues robes à queues,	their long gowns with trains,
Leur élégance, leur joie	their elegance, their joy
Et leurs molles ombres bleues	and their soft blue shadows
Tourbillonent dans l'extase	whirl in the ecstasy
D'une lune rose et grise,	of a pink and gray moon,
Et la mandoline jase	and the mandolin chatters on
Parmi les frissons de brise.	amid the quiverings of the breeze.
Les donneurs de sérénades	The men serenading
Et les belles écouteuses	and the lovely ladies listening
Echangent des propos fades	exchange idle chatter
Sous les ramures chanteuses.	under the singing branches.

Mandoline
mɑ̃dɔlinə

Les donneurs de sérénades
lɛ   dɔnœr   də serenadə

Et les belles écouteuses
e lɛ bɛlə zekutøzə

Echangent des propos fades
eʃɑ̃ʒə   dɛ prɔpo fadə

Sous les ramures chanteuses.
su lɛ ramyrə ʃɑ̃tøzə

C'est Tircis et c'est Aminte,
sɛ tirsis e sɛ tamɛ̃tə

Et c'est l'éternel Clitandre,
e sɛ letɛrnɛl klitɑ̃drə

Et c'est Damis qui pour mainte
e sɛ damis ki pur mɛ̃tə

Cruelle fait maint vers tendre.
kryɛlə fɛ mɛ̃ vɛr tɑ̃drə

Leurs courtes vestes de soie,
lœr   kurtə vɛstə də swɑ

Leurs longues robes à queues,
lœr   lɔ̃gə rɔbə za kø

Leur élégance, leur joie
lœr elegɑ̃sə lœr ʒwa

Et leurs molles ombres bleues
e lœr mɔlə zɔ̃brə blø

Tourbillonent dans l'extase
turbijɔnə   dɑ̃ lɛkstazə

D'une lune rose et grise,
dynə lynə roz e grizə

Et la mandoline jase
e la mɑ̃dɔlinə ʒazə

Parmi les frissons de brise.
parmi lɛ frisɔ̃ də brizə

When studying the recording of the native speaker, it should be noted that the "R" sound needs to be modified to a flipped or rolled "R" when singing classical music in French.

MANDOLINE

Original Key G major

Paul Verlaine

Gabriel Fauré

Les don -neurs _____ de sé - ré - na - des _____

Et les bel - les é - cou -teu - ses E -

chan-gent des pro-pos fa - des Sous les __ ra-mu - res chan -

teu - ses. __

C'est Tir - cis __ et c'est __ A - min - te,

Et c'est l'é - ter - nel Cli - tan - dre, __ Et c'est Da -

mis qui pour main - te Cru - el - le _____ fait maint vers

ten - dre _____

Leurs cour - tes ves - tes de soie, Leurs lon - gues ro - bes à queues,

Leur é - lé - gan - ce, leur joi - e Et leurs mol - les

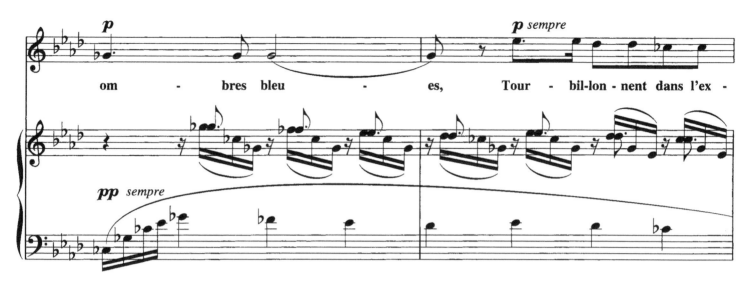

om - bres bleu - es, Tour - bil-lon - nent dans l'ex -

ta - se D'u - ne lu - ne rose et gri - se,

Et la man-do-li - ne ja - se Par - mi les fris - sons de

bri - se. Les don - neurs _____ de sé - ré -

na - des _____ Et les bel - les é - cou -

teu - ses E - chan - gent _____ des pro - pos

fa - des Sous les ra - mu - res chan -

teu - ses. _____

Ici-bas
Down Here

music by Gabriel Fauré   (1845-1924)
poem by Réne Sully-Prudhomme   (1839-1907)

Ici-bas tous les lilas meurent, Tous les chants des oiseaux sont courts. Je rêve aux étés qui demeurent toujours!	Down here all the lilacs die, all the songs of birds are short. I dream of summers that last forever!
Ici-bas, les lêvres effleurent Sans rien laisser de leur velours. Je rêve aux baisers qui demeurent toujours!	Down here lips touch briefly leaving nothing of their velvet. I dream of kisses that last forever!
Ici-bas, tous les hommes pleurent Leurs amitiés ou leurs amours. Je rêve aux couples qui demeurent toujours!	Down here everyone weeps about their friendships or their loves. I dream of couples that last forever!

Ici-bas
isibɑ

Ici-bas tous les lilas meurent,
isibɑ tu lɛ lilɑ mœrə

Tous les chants des oiseaux sont courts.
tu lɛ ʃɑ̃ dɛ zwazo sɔ̃ kur

Je rêve aux étés qui demeurent toujours!
ʒə rɛv o zete ki dəmœrə tuʒur

Ici-bas, les lêvres effleurent
isibɑ lɛ lɛvrə zeflœrə

Sans rien laisser de leur velours.
sɑ̃ rjɛ̃ lese də lœr vəlur

Je rêve aux baisers qui demeurent toujours!
ʒə rɛv o beze ki dəmœrə tuʒur

Ici-bas, tous les hommes pleurent
isibɑ tu lɛ zɔmə plœrə

Leurs amitiés ou leurs amours.
lœr zamitje zu lœr zamur

Je rêve aux couples qui demeurent toujours!
ʒə rɛv o kuplə ki dəmœrə tuʒur

When studying the recording of the native speaker, it should be noted that the "R" sound needs to be modified to a flipped or rolled "R" when singing classical music in French.

ICI-BAS

Original Key

Sully-Prudhomme

Gabriel Fauré

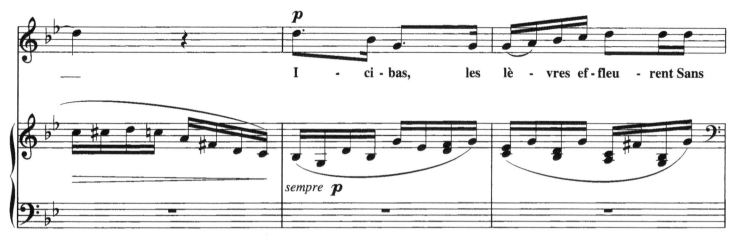

I - ci - bas, les lè - vres ef - fleu - rent Sans

rien lais - ser de leur ve - lours, Je rê - ve aux bai -

sers qui de - meu - rent tou - jours!

I - ci - bas, tous les hom - mes pleu - rent Leurs a - mi - tiés ou leurs a -

mours.　Je　rê - ve aux coup-les qui de - meu - rent,

aux coup-les qui de - meu - rent,　qui de -

meu - rent　tou - jours!

La Procession
The Procession

music by César Franck   (1822-1890)
poem by Charles Auguste Brizeux   (1803-1858)

Dieu s'avance à travers les champs!	The Host advances across the fields!
Par les landes, les prés,	Over the heath, the meadows,
les verts taillis de hêtres.	the green groves of beech trees
Il vient, suivi du peuple	it comes, followed by people
et porté par les prêtres.	and carried by the priests.
Aux cantiques de l'homme,	With the hymns of men,
oiseaux, mêlez vos chants!	o birds, blend your songs!
On s'arrête!	They stop!
La foule autour	The crowd kneels
d'un chêne antique	around an ancient oak,
S'incline, en adorant	worshipping under the mystical
sous l'ostensoir mystique:	display.
Soleil! darde sur lui	Sun! Cast upon it your
tes longs rayons couchants!	radiant setting beams!
Aux cantiques de l'homme,	With the hymns of men,
oiseaux, mêlez vos chants!	o birds, blend your songs!
Vous, fleurs, avec l'encens	Flowers! Mingle your fragrance
exhalez votre arôme!	with the incense!
O fête! tout reluit, tout prie	O festive day! Everything gleams,
et tout embaume!	invites, and exudes fragrance.
Dieu s'avance à travers les champs!	The Host advances across the fields!

La Procession
la prɔsɛjɜ̃

Dieu s'avance à travers les champs!
djø savɑ̃s a travɛr lɛ   ʃɑ̃

Par les landes, les prés, les verts taillis de hêtres.
par lɛ lɑ̃də lɛ prе lɛ vɛr taji də ɛtrə

Il vient, suivi du peuple et porté par les prêtres.
il vjɛ̃ sɥivi dy pœplə e pɔrtepar lɛ prеtrə

Aux cantiques de l'homme, oiseaux, mêlez vos chants!
o   kɑ̃tikə də lɔmə   wazo mеlе vo ʃɑ̃

On s'arrête!
ɜ̃ sarɛtə

La foule autour d'un chêne antique
la ful   otur dœ̃ ʃɛn ɑ̃tikə

S'incline, en adorant sous l'ostensoir mystique:
sɛ̃klin   ɑ̃ nadɔrɑ̃ su lɔstɑ̃swar mistikə

Soleil! darde sur lui tes longs rayons couchants!
sɔlɛj dardəsyr lɥi tе lɜ̃ rɛjɜ̃ kuʃɑ̃

Aux cantiques de l'homme, oiseaux, mêlez vos chants!
o   kɑ̃tikə də lɔmə   wazo mеlе vo ʃɑ̃

Vous, fleurs, avec l'encens exhalez votre arôme!
vu   flœr avɛk lɑ̃sɑ̃   ɛgzale vɔtr arom

O fête! tout reluit, tout prie et tout embaume!
o fɛtə tu rəlɥi tu pri e tu tɑ̃bomə

Dieu s'avance à travers les champs!
djø savɑ̃s a travɛr lɛ   ʃɑ̃

*When studying the recording of the native speaker, it should be noted that the "R" sound
needs to be modified to a flipped or rolled "R" when singing classical music in French.*

LA PROCESSION

Original Key

Charles Brizeux

César Franck

Assez lent et solennel

Dieu s'a-vance à tra-

vers les champs! Par les lan - des, les___ prés,

les verts tail - lis de hê - tres.

poco cresc. *mf* *largamente*

Il vient, sui - vi du peu - ple

dim. **pp**

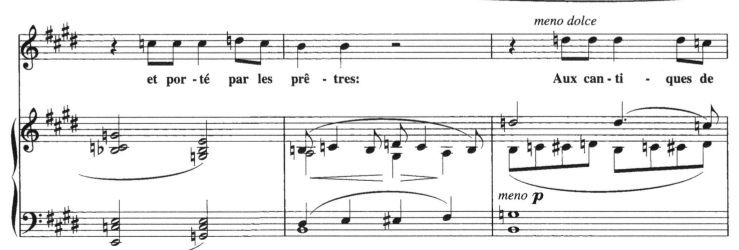

et por - té par les prê - tres: Aux can - ti - ques de

meno dolce

meno **p**

So - leil! dar - de sur lui tes longs ray - ons cou -

chants!

Aux can - ti - ques de l'hom - me, oi -

seaux, mê - lez vos___ chants!

Psyché
Psyche

music by Émile Paladilhe (1844-1926)
poem by Pierre Corneille (1606-1684)

Je suis jaloux, Psyché,	I am jealous, Psyche,
de toute la nature!	of all nature!
Les rayons du soleil	The rays of the sun
vous baisent trop souvent,	kiss you far too often.
Vos cheveux souffrent	Your locks too often allow
trop des caresses du vent.	the wind to caress them.
Quand il les flatte,	When the wind blows your hair,
j'en murmure!	I am jealous of it!
L'air même que vous respirez	Even the air you breath
Avec trop de plaisir	passes over your lips
passe sur votre bouche.	with too much pleasure.
Votre habit	Your garment
de trop près vous touche.	touches you too closely.
Et sitôt que vous soupirez,	And whenever you sigh,
Je ne sais quoi	I do not know
qui m'effarouche	what grips me with fear;
Craint, parmi vos soupirs,	perhaps, that of all your sighs,
des soupirs égarés!	one may escape me.

Psyché
psiʃe

Je suis jaloux, Psyché, de toute la nature!
ʒə sɥi ʒalu psiʃe də tutə la natyrə

Les rayons du soleil vous baisent trop souvent,
le rejɔ̃ dy sɔlɛj vu bɛzə tro suvɑ̃

Vos cheveux souffrent trop des caresses du vent.
vo ʃəvø sufrə tro dɛ carɛsə dy vɑ̃

Quand il les flatte, j'en murmure!
kɑ̃ til le flatə ʒɑ̃ myrmyrə

L'air même que vous respirez
lɛr mɛmə kə vu rɛspire

Avec trop de plaisir passe sur votre bouche.
avɛk tro də plɛzir pasə syr vɔtrə buʃə

Votre habit de trop près vous touche!
vɔtr abi də tro prɛ vu tuʃə

Et sitôt que vos soupirez,
e sito kə vo supire

Je ne sais quoi qui m'effarouche
ʒə nə sɛ kwa ki mɛfaruʃə

Craint, parmi vos soupirs, des soupirs égarés!
krɛ̃ parmi vo supir dɛ supir zegare

When studying the recording of the native speaker, it should be noted that the "R" sound needs to be modified to a flipped or rolled "R" when singing classical music in French.

PSYCHÉ

Original Key G-flat major

Pierre Corneille

Émile Paladilhe

Je suis ja - loux, Psy - ché, de tou - te la na -

tu - re! Les ray-ons du so - leil vous bai - sent trop sou -

vent; Vos che-veux souf-frent trop les ca-res-ses du vent: Quand il les

flat - te, j'en mur-mu - re; L'air mê - me que vous res-pi-

rez A - vec trop de plai - sir pas-se sur vo-tre bou - che; Vo-tre ha-

bit de trop près vous tou - che, Vo-tre ha - bit de trop près vous

tou - che;   Et si - tôt que vous sou - pi - rez,   Je ne sais

quoi qui m'ef - fa - rou - che   Craint, par - mi vos sou-

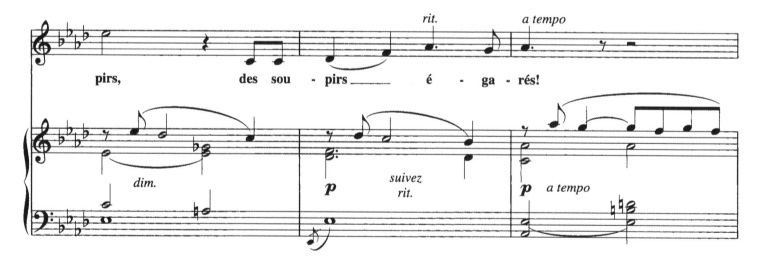

pirs,   des sou - pirs _____ é - ga - rés!

Aimons-nous
Let us love each other

music by Camille Saint-Saëns   (1835-1921)
poem by Théodore de Banville   (1823-1891)

Aimons-nous et dormons
Sans songer au reste du monde!
Ni le flot de la mer,
ni l'ouragan des monts,
Tant que nous nous aimons
Ne courbera ta tête blonde,
Car l'Amour est plus fort
Que les Dieux et la Mort!

Let us love each other and sleep
without thinking of the world!
Neither the raging of the sea
nor the storm in the mountains,
as long as we are in love,
will trouble your blonde head,
for love is stronger
than the Gods and Death!

Le soleil s'éteindrait,
Pour laisser ta blancheur plus pure.
Le vent qui jusqu'à terre
incline la forêt,
En passant n'oserait
Jouer avec ta chevelure,
Tant que tu cacheras
Ta tête entre mes bras!

The sun will die away to leave your
complexion more pure.
The wind that bows the trees
to the ground
would not dare, in passing,
to play with your hair
as long as you bury your head
in my arms!

Et lorsque nos deux coeurs
S'en iront aux sphères heureuses
Où les célestes lys écloront
sous nos pleurs,
Alors, comme des fleurs,
Joignons nos lèvres amoureuses,
Et tâchons d'épuiser
La Mort dans un baiser!

And when our two hearts
soar into the happy spheres
where heavenly lilies bloom
beneath our tears
then, like flowers,
our lips will join lovingly
and attempt to conquer
death with a kiss!

Aimons-nous
ɛmɔ̃ nu

Aimons-nous et dormons
ɛmɔ̃ nu e dɔrmɔ̃

Sans songer au reste du monde!
sã sɔ̃ʒe o rɛstə dy mɔ̃də

Ni le flot de la mer, ni l'ouragan des monts,
ni lə flo də la mɛr ni luragɔ̃ dɛ mɔ̃

Tant que nous nous aimons
tã kə nu nu zɛmɔ̃

Ne courbera ta tête blonde,
nə kurbəra ta tɛtə blɔ̃də

Car l'Amour est plus fort
kar lamur ɛ ply fɔr

Que les Dieux et la Mort!
kə le djø ze la mɔr

Le soleil s'éteindrait,
lə sɔlɛj setɛ̃drɛ

Pour laisser ta blancheur plus pure.
pur lese ta blãʃœr ply pyrə

Le vent qui jusqu'à terre incline la forêt,
lə vã ki ʒyska tɛr ɛ̃klinə la fɔrɛ

En passant n'oserait
ã pɑsã nozərɛ

Jouer avec ta chevelure,
ʒue ravɛk ta ʃəvəlyrə

Tant que tu cacheras
tã kə ty kaʃəra

Ta tête entre mes bras!
ta tɛt ãtrə mɛ bra

Et lorsque nos deux coeurs
e lɔrskə no dø kœr

S'en iront aux sphères heureuses
sã nirɔ̃ to sfɛrə zørøzə

Où les célestes lys écloront sous nos pleurs,
u le celɛstə lis eklɔrɔ̃ su no plœr

Alors, comme des fleurs,
alɔr kɔmə dɛ flœr

Joignons nos lèvres amoureuses,
ʒwaɲɔ̃ no lɛvrə zamurøzə

Et tâchons d'épuiser
e taʃɔ̃ depɥize

La Mort dans un baiser!
la mɔr dã zœ̃ beze

When studying the recording of the native speaker, it should be noted that the "R" sound needs to be modified to a flipped or rolled "R" when singing classical music in French.

AIMONS-NOUS

Original Key

Théodore de Banville

Camille Saint-Saëns

mons Ne cour - be - ra ta tê - te blon

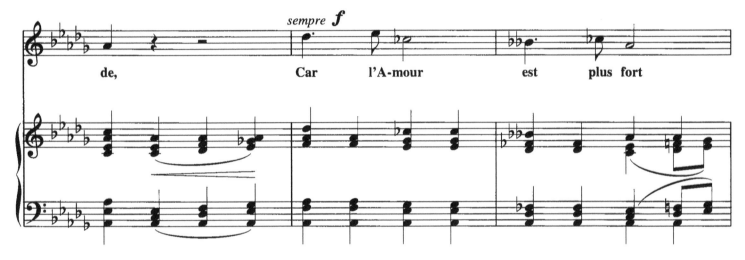

de, Car l'A-mour est plus fort

Que les Dieux et la Mort! Car l'A - mour

est plus fort Que les Dieux et la Mort!

Le so - leil s'é - tein - drait, _____ Pour lais -

ser ta blan-cheur plus pu - re. Le vent ___ qui jus-qu'à

ter - re in - cli - ne la___ fo - rêt, En pas - sant n'o - se -

rait ___ jou - er a - vec ta che - ve - lu - re,

p sempre dolce

Tant que tu ca - che - ras ___

p espress.

___ ta tête en - tre mes bras! ___

poco cresc. *dim.*

Tant que tu ca - che - ras ta ___

poco cresc. *dim.*

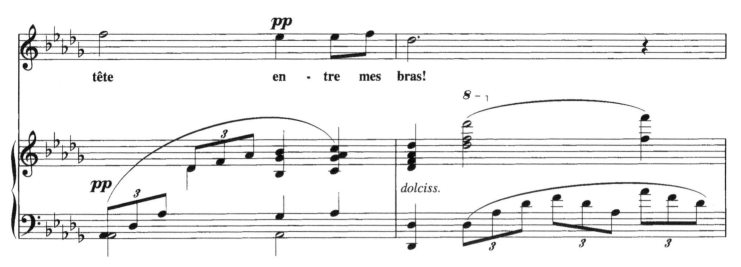

tête   en - tre mes bras!

Et

lors - que nos deux cœurs   S'en i - ront   aux sphè - res heu -

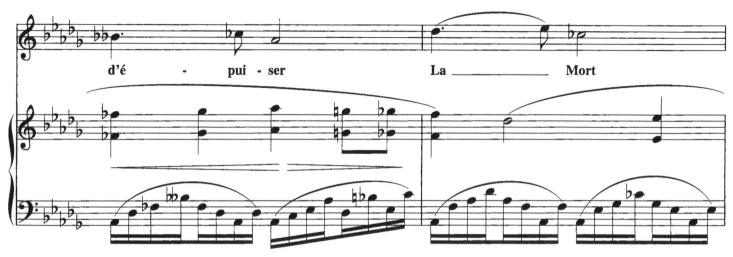

d'é - pui - ser La _____ Mort

dans un bai - ser! Et tâ - chons

d'é - pui - ser La___ Mort dans un bai - ser!

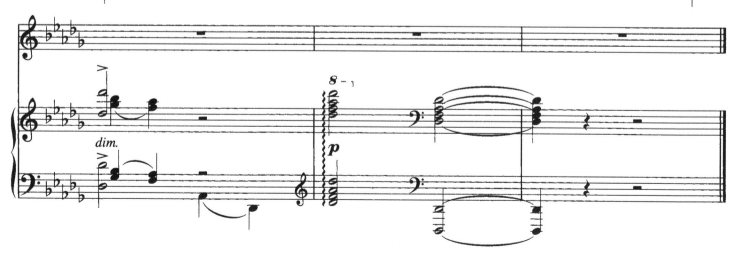